CW01471973

Dein Engel hat dich gern

Das große Buch der Engelgeschichten

Erzählt von Anna Benthin
mit Bildern von Anja Rieger

KeRLE
bei Herder

Freiburg · Wien · Basel

Inhalt

Ich träum mir einen Luftballon

Ich träum mir einen Luftballon
und flieg mit ihm empor.
Weit über Land und Meer davon
zu einem goldenen Tor.

Ein kleiner Schlüssel steckt darin.
Nur ich, ich kann ihn seh'n.
Und weil ich heut' so glücklich bin,
kann ich im Schloss ihn dreh'n.

Ein Lied erklingt, so zart und fein.
Die Melodie ist schön.
So singt mein Engel ganz allein
für mich zum Schlafengeh'n.

Schon fallen mir die Augen zu.
Mein Schutzengel, gib Acht.
Im Wolkenschloss geh'n wir zur Ruh.
Bis morgen, gute Nacht.

Die Geschichte vom Freundschaftsengel

Hannes, Milena und ihr Freundschaftsengel sitzen auf der gelben Bruchsteinmauer am Spielplatz. Sie schauen die Leute an, die vorübergehen. Wenn jemand kommt, knuffen Hannes und Milena sich mit den Ellenbogen in die Seite und tuscheln. Das macht Spaß. Nur manchmal, wenn sie ein bisschen zu vorlaut sind, hält ihnen der Freundschaftsengel schnell den Mund zu.

„Siehst du den da?", fragt Hannes plötzlich und zeigt mit dem Finger nach links.

„Der starrt schon die ganze Zeit her zu uns", antwortet Milena.

„So'n blöder Italiener ist das", meint Hannes. „Bestimmt ein Spaghettifresser."

„Mhmhm, Spaghetti, lecker!", grinst Milena.

„Ausländer sind blöd", fängt Hannes nach einer Weile wieder an und streckt dem Jungen die Zunge heraus.

„Wieso denn?", fragt Milena.

„Das sagt Onkel Max immer", meint Hannes.

„Ich find Ausländer cool", widerspricht Milena. „Wenn wir im Sommer in die Türkei fahren, sind wir auch Ausländer, sagt mein Papa."

Nachdenklich schauen sie wieder zu dem fremden Jungen hinüber. Manchmal blickt der Junge zurück. Wenn ihre Augen sich treffen, sehen alle schnell weg.

Der Freundschaftsengel spürt genau, was in den Kindern vorgeht. Er kann ja Gedanken lesen und die heimlichsten Gefühle verstehen. Daher weiß er, dass Hannes den fremden Jungen ganz witzig findet und dass Milena ihn gern kennen lernen würde. Sie sind nur ein bisschen schüchtern und trauen sich nicht.

Der Freundschaftsengel lächelt. Und wie immer, wenn Engel lächeln, werden in den Herzen der Menschen schöne Gefühle wach. Deshalb hat der fremde Junge auf einmal große Lust, Hannes fröhlich anzuschauen und ihm zuzublinzeln, anstatt jedes Mal wegzuschauen, wenn ihre Blicke sich treffen.

Und Milena meint fröhlich: „Hey, guck mal, der ist doch ganz nett. Vielleicht kommt er ja aus Hintertimbuktu in Kakadusien, wo die schönen Frauen Wasserpfeife rauchen und die Katzen mit dem Schwanz bellen."

„Quatsch", ruft Hannes und winkt den fremden Jungen herbei. Dieser zögert ein wenig. Doch der Freundschaftsengel stärkt seinen Mut. Und so geht der fremde Junge auf die Freunde zu. Dicht vor ihnen bleibt er stehen und hält ihnen eine Stange Kaugummi entgegen. Hannes und Milena greifen gleichzeitig zu. Ihre Hände treffen sich und die Kaugummis fallen auf den Boden.

„Verflixt!", sagt Hannes und will sich schnell bücken, doch der fremde Junge war schneller. Und schon stoßen ihre Köpfe zusammen.

„Entschuldigung!", ruft Hannes. „Das wollte ich nicht."

„Macht nix", sagt der fremde Junge und greift sich an den Kopf. Dabei spricht er absichtlich ein bisschen falsch. „Ist echter Dickkopf von König von Kakadusien mit echte Haar von Schwanzkatze."

Lachend ziehen die drei zur großen Schaukel. Einer rechts und einer links, einer in der Mitte. Und der Freundschaftsengel fliegt unsichtbar mit ihnen mit.

Wo ich geh und wo ich steh

Wo ich geh
und wo ich steh,
sei du, mein Engel,
in der Näh.
Bei jedem Schritt,
bei jedem Tritt
geh du, mein Engel,
mit.

VOLKSGUT

Die Geschichte vom Vertrauensengel

„Pass auf dich auf!", rief die Mutter Tobi nach, als der mit seinem Schlitten zur Rodelwiese loszog. „Ja!", winkte er zurück. Der Weg war nicht weit. Ein paar Kinder sausten schon den eisverkrusteten Hang hinunter, als Tobi ankam. „Juchhu!", schrieen sie übermütig. „Bahn frei!"

Tobi nahm auf seinem Schlitten Platz und schaute ihnen ein bisschen zu. Die Großen hatten die Bahn wieder einmal scharf gemacht. Abends schütteten sie Wasser über den Abhang. Über Nacht gefror es zu Eis. Darauf zischten die blank geschliffenen Schlittenkufen nur so.

Tobi wollte auch gern rodeln. Aber erst vor ein paar Tagen war er mit dem Schlitten gegen einen der Bäume gefahren, die weiter unten am Rodelhang standen. „Gott sei Dank, dass du einen starken Engel hast!", hatte der Vater gerufen, als er den zerbrochenen Schlitten wieder flickte. „Aber pass bloß auf, dass du nie schneller fährst, als dein Engel fliegen kann."

Tobi hatte es ihm versprochen. Und nun war das Eis noch dicker und glatter als neulich.

Und genau in diesem Moment spürte er, wie sein Engel sich schweigend hinter ihm auf den Schlitten setzte. Es fühlte sich an, als hätte ein mächtiger Riese beide Arme um ihn gelegt.

Natürlich wusste Tobi, warum sein Engel schwieg. Würde er nur ein Wort sprechen, würde seine Engel-

stimme über die ganze Welt klingen. Mindestens aber über die ganze Rodelwiese. Dann wüsste jeder, Tobi hat einen Engel mitgebracht. Und das durfte keiner wissen.

Trotzdem spürte Tobi im Nacken, wie ihn der Engel anschaute. Tobi wusste, dass er nicht über das Eis, sondern über den Schneehang fahren würde.

„Vertrau mir", flüsterte der Engel plötzlich mit einer Stimme, die nur Tobi vernehmen konnte. „Fahr einfach los, ich halte dich."

Tobis Füße gehorchten ganz von allein. Aber dennoch wäre er wohl im Schnee stecken geblieben, der die Wiese überall dort bedeckte, wo kein Wasser ausgeschüttet worden war, hätte der Engel nicht mit seinen Flügeln tüchtig Schwung geholt. Und auf einmal fuhren sie los.

Die ganze Zickzackfahrt lang lachte und jubelte der Engel auf dem Schlitten. Und Tobi lachte und jubelte ganz laut mit. Er lenkte den Schlitten mit den Stiefelabsätzen über eisige Stellen und über die holprigen Bodenwellen. Der Engel steuerte ihn an den Bäumen vorbei, bis der Schlitten schließlich in einem weiten Bogen auf der flachen Wiese auslief und stoppte. Gerade so, als hätte Tobi das alles schon tausend Mal gemacht.

„Bleib nur sitzen", sagte er stolz zu seinem Engel, als er mit einem komisch weichen Gefühl in den Beinen vom Schlitten abstieg. „Ich ziehe dich."

Da machte sich der Engel so leicht wie zehn Schneeflocken und sprach kein Wort mehr. Tobi wusste trotzdem, dass er da war. Das war schön.

Schlaf, mein Kind, und träume

Schlaf, mein Kind, und träume.
Träume sind nur Schäume,
sind nur Seifenblasenkringel,
die ein lieber Engel macht,
der im Himmel für dich wacht.

Schlaf, mein Kind, und träume.
Träume sind nur Schäume,
die der Nachtwind mitgebracht,
der durch Bäume weht und Hecken,
leise, um dich nicht zu wecken.

Schlaf, mein Kind, und träume.
Träume sind nur Schäume.
Keiner darf im Schlaf dich schrecken,
denn dein Engel hat dich gern,
schickt zum Gruß dir einen Stern.

Die Geschichte vom Fußball-Engel

Der Fußball-Engel sah sich verstohlen um. Die anderen Engel saßen alle engelsbrav um den langen Tisch in der himmlischen Werkstatt herum und bastelten. An der einen Tischseite stellten sie Christbaumschmuck und die wunderschönsten Engelchen aus feinstem Papier und Stoff her. Auf der anderen Seite wurden Osterkörbchen geflochten und fröhliche Gesichter auf Goldpapier gemalt. Daneben saßen die Engel mit den flinksten Fingern und nähten Puppenkleider und sogar winzige Puppenschuhe. Die Engel, die am besten hämmern und schrauben, nieten und sägen konnten, bauten Eisenbahnen und Autobahnen mit Loopings und allen Schikanen. Die jüngsten Engel backten Engelsplätzchen aus Honigteig und Engelsküsschen aus Eierschaum. Die größten Engel schnitzten Krippenfiguren und Engel und den Esel und die Kuh. Und die Geschicktesten unter ihnen durften das Jesuskind schnitzen. Dazu hätte der kleine Engel auch Lust gehabt. Stattdessen sollte er goldene und silberne Sterne falten.

„Ausgerechnet!", dachte der Fußball-Engel und pustete so sehr, dass seine Locken über der Stirne hochflogen. „Immer muss ich das Langweiligste machen."

Aus dem Augenwinkel sah der Fußball-Engel, dass sogar der strenge Erzengel Gabriel beschäftigt war. Er schraubte an einer Spieluhr herum, die sich nicht richtig aufziehen ließ.

Es gab so viel zu tun. Dem Fußball-Engel kam es vor, als gäbe es jedes Jahr mehr Arbeit. „Wie die anderen Engel das lange Sitzen nur aushalten?", dachte er und spürte, wie seine Füße unter dem Tisch zu jucken und zu zucken begannen, weil sie einfach nicht mehr stillhalten konnten.

Noch einmal schaute der Fußball-Engel klammheimlich nach rechts und links. Niemand schien auf ihn zu achten. Alle hatten die Köpfe über ihre Arbeit gebeugt. Keiner schien zu merken, wie der Fußball-Engel sich klein und kleiner machte und plötzlich ganz unter dem Tisch saß.

Einen Augenblick setzte er sich ganz still auf seinen dicken silbernen Fußball, den er immer und überallhin mitnahm, sogar in sein Engelbett. Und auch diesmal hatte er ihn unter dem weiten Rock seines Engelsgewandes versteckt. „Wenn jemand merkt, dass ich nicht mehr am Tisch sitze", nahm er sich vor, „dann sag ich einfach, ich musste meinen Schuh binden."

Doch tatsächlich schien keiner zu bemerken, dass er gar nicht mehr da war.

„Ein Glück!", dachte der Fußball-Engel vergnügt und spürte, wie seine Mundwinkel sich ganz von allein nach oben bogen.

Zuerst nahm er mucksmäuschenleise den langen Zipfel seines Engelsgewands zwischen die Zähne, um nicht darüber zu stolpern. Dann ließ er sich vorsichtig auf die Knie nieder, klemmte den Fußball unter den Arm und krabbelte los. Bald hatte er sich zwischen all den Engelsfüßen hindurchgeschlängelt und

schlüpfte durch die einen Spalt offene Tür der Himmelswerkstatt hinaus auf die wattewolkenweiße Himmelswiese.

„Juchhu!", schrie der Fußball-Engel.

Blitzschnell legte er sein langes Gewand ab, bis er nur noch mit
Engel-Trikot und Engel-Shorts bekleidet war. Und los ging es
mit Kicken und Köpfen und Tricksen und Trippeln. Immer quer
über die ganze Himmelswiese.

„Bravo!", schrien die Wolkenriesen und spritzten vor Begeisterung mit ihren Regenschläuchen.

„Engel vor, noch ein Tor!", jubelten die Sternenkinder und
hüpften vor Begeisterung auf ihren glitzernden Spitzen, bis der
ganze Himmel zu schwanken schien und tausend Sternschnuppen zur Erde zischten.

Aber da! O weh, was war das? Das Himmelstor knarrte. Ein
Fuß in einer goldenen Engel-Sandale zeigte sich. Und plötzlich
stand die mächtige Gestalt des strengen Erzengel Gabriels vor
dem Tor. Die Wolkenriesen sahen ihn und verstummten. Die
Sternenkinder sahen ihn auch und wagten keine Bewegung
mehr. Der Fußball-Engel aber sah ihn nicht.

Mit einem Riesenanlauf schoss er den silbernen Fußball quer über die Himmelswiese hinauf in die Wolken und hoch, immer höher an den Himmel hinaus, bis dorthin, wo es ewige Nacht wurde und der Fußball nur noch wie eine helle Scheibe in der Dunkelheit zu sehen war.

„Halt!", vernahm der Fußball-Engel da plötzlich die Stimme des Erzengel Gabriels. Wie eine Glocke schallte sie hinaus in die Dunkelheit. Und wie von einer unsichtbaren Hand bewegt, blieb der silberne Fußball hoch oben am Himmelsbogen stehen.

„Dort soll er nun bleiben und leuchten bis zum Jüngsten Tag", sagte der Erzengel Gabriel und zupfte den erschrockenen Fußball-Engel am Pferdeschwänzchen. „Komm, Schlingel, ab heute sollst du in der Himmelswerkstatt unser Fußballmacher sein. Und heute Abend, wenn wir fertig sind, spielen wir alle zusammen."

„Versprochen?", fragte der Fußball-Engel.

„Versprochen!", nickte der Erzengel Gabriel und zeigte zum Himmel hinauf. „Für Flutlicht ist ja nun gesorgt."

Der Neinengel

Das muss ein starker Engel sein,
der uns den Mut macht für ein Nein.

Ein Kämpferengel, der gerade geht,
der sicher auf beiden Füßen steht.
Ein trotziger Engel hell wie der Tag.
Einer, der offene Worte mag.

Das muss ein starker Engel sein,
der uns den Mut macht für ein Nein.

Ein Nein, das heißt ja etwas wagen.
Das nicht zu tun, was alle sagen,
ist schwer, viel schwerer als zu nicken,
sich einzufügen und zu schicken.

Das muss ein starker Engel sein,
der uns den Mut macht für ein Nein.

JUTTA RICHTER

Die Geschichte vom vergesslichen Engel

Natürlich müssen auch die Engel im Himmel jeden Morgen in die Schule gehen. Wenn das Sandmännchen nach getaner Arbeit auf seinem Sternmobil in den Himmelshof braust und laut die Hupe drückt, dann wissen die Engel, dass die Nacht vorüber ist.

Eilig springen sie aus ihren Betten, waschen sich mit Morgentau, streichen ihre Engelsgewänder glatt und schnallen die Engelsflügel um.

Zum Frühstück hat die Himmelsköchin schon den langen Tisch im Himmelsspeisesaal bereitet. Es gibt Sternenstaubmüsli und Hagelzucker sowie frische Sahne von den Mondkühen. Kein Frühstück auf der ganzen weiten Welt könnte den Engeln köstlicher schmecken.

Gleich sind Teller und Tassen leer gegessen. Nun rasch noch die Hände gewaschen, die Zähne blitzblank geputzt, die Engels-flügel zur Probe einmal aufgeklappt und einmal zugefaltet, den Heiligenschein über die Haare gestülpt, und schon fährt der Wolkenschulbus vor. „Alles einsteigen, bitte!", ruft der Himmelsschaffner.

Eilig rennen alle Engel los. Sie drängeln und schieben und drücken. Sie kitzeln und knuffen und puffen. Doch endlich sitzen alle auf den schönen, weichen Wolkenbänken im Wolkenschulbus und wienern sich gegenseitig noch einmal die Heiligenscheine blank. Wer mit Flecken auf dem Heiligenschein in die Schule kommt, darf in der Pause nämlich nicht auf dem Wolkentrampolin springen.

Nur einer, der vergessliche Engel, putzt nicht mit. Er weint. Er ist nämlich so schnell in den Wolkenschulbus gekrabbelt, dass er seinen Heiligenschein im Speisesaal vergessen hat.

„Das kann doch jedem mal passieren", trösten ihn die anderen Engel. „Das ist doch nicht schlimm."

Doch der vergessliche Engel schüttelt nur den Kopf. Er hat sich so sehr auf das Trampolinspringen gefreut. Gestern ist ihm ein ganz neuer, toller Sprung eingefallen. Heute wollte er ihn unbedingt ausprobieren. Und jetzt? Er weiß schon genau, was der Lehrer-Engel sagen wird: „Ohne Heiligenschein kein Trampolin. Das war schon immer so. Da gibt's auch für dich keine Extrawurst."

In diesem Moment schaut die Sonne zum Wolkenschulbus herein. Wie jeden Morgen begrüßt sie die Engel und kitzelt alle an der Nasenspitze, bis sie kichern und niesen müssen. Nur der vergessliche Engel niest und kichert nicht.

„Was hast du denn, kleiner Engel?", fragt die Sonne mitleidig und trocknet die Tränen von seinen Wangen.

„Ich? Ich hab meinen Heiligenschein vergessen", flüstert der vergessliche Engel.

„Wenn es weiter nichts ist!", ruft die Sonne und strahlt hell auf. „Pass mal auf, das haben wir gleich!" Im Nu verwandelt sie ihren längsten und spitzesten Sonnenstrahl in einen feinen Pin-

sel und malt damit einen schönen goldenen Heiligenschein.
Der vergessliche Engel kann es kaum glauben. Aber es stimmt,
der gemalte Heiligenschein passt genau. Wie da der Engel lachen kann! „Danke, liebe Sonne!", ruft er und wirft ihr eine
Kusshand zu. „Danke!"
Und dann flattert er fröhlich mit den anderen in die Engels-
schule hinein.

Dreizehn kleine Engelbengel

Wenn wieder mal vom Himmelszelt
eine Sternenschnuppe fällt
und ich seh's von meinem Zimmer,
ja, dann wünsch' ich mir für immer
dreizehn kleine Engelbengel:
Einen, der mir Schuhe putzt,
einen, der den Rasen stutzt,
einen, der Mücken vertreibt,
einen, der Hausaufgaben schreibt,
einen, der für mich lernen kann,
aber ich, ich weiß es dann,
einen, der Rechenfehler wandelt,
jedoch nicht mein Heft verschandelt,

25

einen, der freche Jungs verhaut,
einen, der Mamas Kekse klaut,
einen, der meinen Hamster füttert,
einen, der lacht, auch wenn's gewittert,
einen, der immer mit mir spielt,
einen, der meine Tränen stillt,
einen, der tapfer mich bewacht
rund um die Uhr, bei Tag und Nacht.
Dreizehn kleine Engelbengel,
die mich lieben und beschützen,
über meiner Arbeit schwitzen,
mich des Nachts im Schlafe wiegen
und am Tage mit mir fliegen.
Solche Freunde hätt' ich gern,
fiele endlich doch ein Stern.

Die Geschichte vom Licht-Engel

„Michael, steck das Licht an. Das Gesind', das muss zum Spinnen ran!", sagte man früher an jedem 29. September. An diesem Tag hat der mächtige Erzengel Michael Namenstag. Deshalb heißt der 29. September auch Michaelis oder Michaelistag.

Manche Menschen nennen den Erzengel Michael gern Lichtengel, weil er der Engel mit dem Flammenschwert ist, welcher den Teufel aus dem Paradies vertrieben und in die Hölle hinunter gestoßen hat.

Seitdem steht er mit seinem hell leuchtenden Schwert neben dem Himmelstor und hält Wache, damit sich der Teufel nicht wieder ins Paradies hineinmogeln kann.

Zur Erinnerung daran, wie der große Schutzengel den Teufel besiegte, haben viele Künstler diesen Kampf gemalt oder in Stein und Holz gemeißelt oder geschnitzt. Diese Bilder kann man in Kirchen, Museen und Büchern betrachten.

Den Erzengel Michael erkennt man sofort an seinen mächtigen Flügeln und an der kostbaren Rüstung, die aus einem prächtigen Brustharnisch und einem runden Buckelschild, sowie einem Waffenrock und gepanzerten Stiefeln besteht. Auf dem Spiegel des Buckelschilds – so nennt man die gewölbte Fläche des Schildes – steht meist in schön verschnörkelten Buchstaben die lateinische Inschrift: „Quis ut deus". Das bedeutet übersetzt: „Wer ist wie Gott" und soll daran erinnern, dass es nur einen Gott gibt und der Teufel aus dem Paradies vertrieben wurde,

27

weil er selbst wie Gott sein wollte. Oftmals wird der Erzengel Michael wegen dieser Inschrift auch „das Antlitz Gottes" genannt. Damit ist gemeint, dass Gott den Menschen verboten hat, sich ein Bild Gottes zu machen und man Gott allein in dem Wort Gottes erkennen soll.

Auf den meisten Kunstwerken, die uns den Erzengel Michael zeigen, sieht es so aus, als habe sich der starke Engel soeben im Flug von hoch oben, aus dem Himmel herunter zur Erde und auf den Teufel gestürzt. Mit einem Fuß drückt er den Teufel, der oft in Drachengestalt dargestellt wird, zu Boden und stößt ihm eine lange Lanze mitten ins Herz.

Der Platz des Erzengels Michael in der Kirche ist oftmals oben auf dem Dach über der Kanzel, von der herunter das Wort Gottes verkündet wird. Aber meistens sieht man ihn über oder neben dem Altar, wo er als Schutzengel der Mutter Maria und des Jesuskindes Wache hält, damit der Teufel ihnen nichts Böses anhaben kann.

An seinem Namenstag, dem 29. September, segnet der Erzengel Michael alle Opfergaben, welche die Menschen zu Ehren Gottes in die Kirche bringen. Aus diesem Grund sollen auch heute noch bis zu diesem Tag alle Felder und Äcker abgeerntet und die Früchte eingebracht werden. Wenn alle Scheunen mit Wintervorräten und der Saat für das kommende Jahr gefüllt sind, wird der Namenstag des Schutzengels mit einem schönen Erntedankfest gefeiert.

Für die Knechte und Mägde auf einem Bauernhof war der Michaelistag früher gleichzeitig der wichtigste Zahltag. Jetzt endlich hatte der Bauer aus dem Verkauf eines Teils seiner Ernte etwas Bargeld eingenommen und konnte dem Gesinde den wohlverdienten Jahreslohn auszahlen. Oft mussten sich dann die Knechte und Mägde, die nicht immer auf dem Hof lebten, für den Winter eine andere Bleibe suchen, ehe sie im Frühjahr wieder einen neuen Dienst annehmen konnten.

War die Ernte eingebracht, begann am Michaelistag die Winterarbeit auf dem Land. Von nun an war die Zeit der langen

Abende gekommen, an denen die Bäuerinnen und Mägde Wolle aus der abgeschorenen Schafswolle spannen, aus Pflanzen wie Lein, Hanf, Flachs oder Nesseln Stoffe webten und viele andere Handarbeiten verrichteten. Die Männer richteten in dieser Zeit die Arbeitsgeräte für das nächste Jahr her, schnitzten Essbestecke und Schüsseln aus Holz und sorgten für Licht im Haus.

Dieses Licht kam damals noch nicht aus der Steckdose. Stattdessen mussten die Männer von frischen Kiefernbrettern lange Späne abhobeln, welche dann in einer großen Eisengabel an der Wand festgeklemmt wurden. Diese einzelnen Holzstreifen nannte man Kienspan.

Ihr frisches, harziges Holz duftete und brannte gut und gab ein helles Licht. Doch leider brannte es schnell herunter. So hatte der Lichtmann am Abend immer alle Hände voll zu tun und musste ständig neue Kienspäne hobeln. War ein Span fast heruntergebrannt, riefen die Knechte und Mägde den großen Schutzengel zu Hilfe: „Michael, steck das Licht an!"

Damit bei der Winterarbeit die Zeit nicht zu lange wurde, erzählte man sich allerlei Geschichten und sang gemeinsam Lieder. Das machte so großen Spaß, dass die Spinnstubenabende immer sehr beliebt waren und die Arbeit doppelt schnell von der Hand ging.

Aus allen diesen Gründen hatte man den Erzengel Michael besonders lieb und freute sich auf seinen Namenstag, den Michaelistag, fast so sehr wie auf Weihnachten.

Vierzehn Engel

Abends, wenn ich schlafen geh,
vierzehn Engel um mich stehn:
Zwei zu meiner Rechten,
zwei zu meiner Linken,
zwei zu meinen Füßen,
zwei zu meinen Häupten.
Zwei, die mich decken,
zwei, die mich wecken,
zwei, die mich weisen
in Himmels
Paradeisen.

VOLKSGUT

31

Die Geschichte vom Schutzengel

„Petra hat zwei linke Hände", sagt Onkel Rudi. Damit meint er, dass Petra besonders unge- schickt ist. Ihre beiden Hände lassen oft etwas fallen, können keine Schuhbänder knoten, keine Schleife binden, nicht den richtigen Lichtschalter finden, schneiden sich an stumpfen Scheren und bemalen sich selbst anstatt das Zeichenpapier.

Petra schämt sich, zwei linke Hände zu haben. Deshalb steckt sie beide am liebsten in die Hosentaschen. „Dann kann nichts passieren", denkt Petra und ist froh, dass sie immer Hosen oder Röcke mit Taschen trägt.

Auch Frau Bechtel aus dem Kindergarten hat schon bemerkt, dass mit Petras Händen etwas nicht stimmt. „Warum versteckst du deine Hände denn in den Hosentaschen?", hat sie gefragt und Petras Hände in ihre eigenen Hände genommen. „Du hast so hübsche, warme Hände, richtige Streichelhände."

Aber Petra hat nur den Kopf geschüttelt und die Hände schnell wieder versteckt. Frau Bechtel hat Petra ein bisschen in den Arm genommen. Petra hat sich ein wenig an Frau Bechtel ge- kuschelt. Das war schön.

Am nächsten Morgen sagt Frau Bechtel: „Kinder, heute ma- chen wir etwas ganz Schönes. Heute wollen wir zusammen Pizza backen. Und dann essen wir alle miteinander zu Mittag."

32

„Juchu!", rufen die Kinder, „Juppie!", und freuen sich. Sie hüpfen lachend herum, reden alle durcheinander und sind ganz aufgeregt. Auch Petra. Sie hat noch nie selbst gemachte Pizza gegessen. Und als Frau Bechtel jedem Kind eine Kugel Hefeteig gibt, aus der eine schöne runde Pizza geformt werden soll, vergisst Petra vor lauter Aufregung beinahe, dass sie zwei linke Hände hat. Es fällt ihr erst wieder ein, als ihre Pizza einfach nicht rund werden will, sondern immer und immer einen schiefen Zipfel hat.

„Kannst sie ja mir geben", sagt Hannes, als Petra mit den Füßen aufstampft, weil die blöde Pizza einfach nicht rund werden will. „Ich mach sie für dich."

„Von mir aus!", ruft Petra und möchte am liebsten fortlaufen. In diesem Moment ruft Frau Bechtel: „Petra, deck doch bitte schon den Tisch."

Den Tisch decken? Teller und Tassen auftragen? Bestimmt wird etwas herunterfallen und kaputtgehen. Petra erschrickt. „Nein", ruft sie laut. „Das kann ich nicht." Aber Frau Bechtel lacht nur.

Die anderen Kinder sitzen schon an den Tischen und warten auf die Pizza. „Es riecht gut", stellt Kathrin fest. Marlene klettert über die Bank und schaut durch die Glastür in den Pizza-Ofen. „Der Teig blubbert", kichert sie. „Blubbel-Blubbel-Blubbel." Das hört sich lustig an und alle machen es gleich nach.

Keiner schaut zu Petra hin, die langsam die Tischdecke über den Tisch ausbreitet und alle Falten aus dem bunt bedruckten Stoff ausstreicht. Genau, wie sie es bei der Mutter zu Hause gesehen hat. Petra zittert vor Aufregung. Aber schließlich ist keine einzige Knitterfalte übrig. „Toll!", sagt Hannes, der es kaum noch erwarten kann, bis er endlich Pizza essen kann. „Ich hol das Essbesteck."

Petra merkt, dass Frau Bechtel zu ihr herüber schaut. „Du schaffst das schon", lächelt sie und nickt Petra zu. „Gleich können wir essen."

Petra fühlt, wie ihre zwei linken Hände ganz feucht werden. „Wenn du dich nicht traust, musst du deinen Schutzengel bitten, dass er dir hilft", hat die Oma neulich zu ihr gesagt, als sie ihr eine Gutenachtgeschichte vorgelesen hat, in der ein armes Kind sich im Wald verlaufen hatte und von einem Engel wieder nach Hause gebracht wurde.

„Ach, Oma, Schutzengel gibt es doch gar nicht", hat Petra gemeint. „Ich hab noch nie einen gesehen."

„Du warst auch noch nie in Amerika", hat die Oma geantwortet. „Und trotzdem gibt es Amerika."

„Stimmt!", hat Petra gesagt und das Bild von dem schönen Engel in ihrem Gutenachtgeschichtenbuch angeschaut.

„Hat denn wirklich jedes Kind einen Schutzengel?", hat sie die Oma gefragt. „Auch wenn man ihn nie sieht?"

„Ganz bestimmt", hat die Oma geantwortet.

Petra schiebt ihre zwei linken Hände ganz fest zusammen. „Lieber Schutzengel, bitte, mach, dass ich es schaffe!", betet sie leise in ihrem Kopf. „Bitte, bitte, lieber Schutzengel, hilf mir!"

Und dann macht sie die Türen des Kindergartenküchenschranks auf, wo die Teller mit den Marienkäfern stehen, die

Petra so niedlich findet. Zum Glück ist der Kindergartenküchenschrank nicht so hoch wie der Hängeschrank bei Petra zu Hause, wo sie immer eine kleine Leiter braucht, um ein Glas herauszuholen. Und die Teller stehen auch gleich vorn.

Ganz vorsichtig nimmt Petra den ersten Teller heraus und geht damit zum Tisch. Petra stolpert nicht. Der Teller fällt nicht herunter. Wie von selbst stellt sie ihn auf den Tisch. Und schon drehen sich Petras Füße um, damit sie den nächsten Teller aus dem Schrank holen kann. Und noch einen und wieder den nächsten, bis nur noch zwei übrig sind. Einer für jede Hand.

„Soll ich dir helfen?", fragt Hannes, der schon fast alle Messer und Gabeln ausgeteilt hat. „Ach, nein, danke", sagt Petra. „Ich schaff das schon!"

Und tatsächlich, kein einziger Teller zerbricht. Schön weiß, mit roten Marienkäferchen, die klimperklein um den ganzen Tellerrand laufen, stehen sie da und warten nur noch auf die Pizza. „Danke, lieber Schutzengel!", flüstert Petra und klatscht vor Freude in die Hände. Und auf einmal sieht sie, dass sie ja gar keine zwei linken Hände hat. Sie hat eine linke und eine rechte Hand, ganz genau wie alle anderen Kinder auch.

Zehn kleine Engelchen

Zehn kleine Engelchen,
die spiel'n im Himmel gern,
neun reiten auf dem Wolkenschaf,
eins schaukelt auf dem Stern.

Neun kleine Engelchen
mit Pauken und Schalmei'n,
die musizieren gar zu laut,
da läuft das Kleinste heim.

Acht kleine Engelchen,
die üben fleißig fliegen,
nur eins hat keine Lust dazu,
da sind es bloß noch sieben.

Sieben kleine Engelchen,
die spielen gern Versteck.
Eins findet alle andern nicht
und ist ganz plötzlich weg.

Sechs kleine Engelchen,
die singen im Sextett,
nur eines brummelbrammelt falsch,
das finden fünf nicht nett.

Fünf kleine Engelchen,
die naschen heimlich Bier,
da hat eins über'n Durst getrunken,
da bleiben nur noch vier.

Vier kleine Engelchen,
die zupfen frech und keck
den Mann im Mond an seinem Bart,
da fängt er eines weg.

Drei kleine Engelchen,
die tanzen Ringelreih'n,
dem einen wird gleich schwindelig,
da tanzen sie zu zwei'n.

Zwei kleine Engelchen,
die sind schon schrecklich müd'.
Das eine singt dem anderen
ein Himmelsschäfchenlied.

Ein kleines Engelchen,
das ist nicht gern allein,
es fliegt ins Paradies zurück
und findet alle neun.

Zehn kleine Engelchen,
die freuen sich so sehr,
gemeinsam wieder da zu sein
und trennen sich nie mehr.

Die Geschichte vom Gewissensengel

Wie in jedem Jahr endet das Schuljahr an der Anne-Frank-Grundschule auch diesmal mit einem Fußballspiel um den Klassenpokal. Erwartungsvolle Stille setzt ein, als Herr Kratzewil, der Sportlehrer, den alle nur Karate-Willi nennen, auf den Rasenplatz tritt.

„Um den Fußball-Pokal des Jahres spielen die gelben Löwen der Klasse 3a gegen die blauen Delphine der 3b", ruft er und klatscht kräftig in die Hände. „Applaus für die Mannschaften!"

„Yeah, Yeah, Yeah!", kreischen die Fans im Publikum.

„Applaus für die Kapitäne. Florian Keller von den Löwen und Alexander Löblich von den Delphinen."

„Yeah! Jippie! Juchu!"

„Und Applaus für unseren Schieri Jochen Bär aus der 4a."

Pfiffe, Trampeln, Klatschen, Rufe – der Beifall dringt bis in den Umkleideraum, wo die Spieler der beiden Mannschaften ein letztes Mal die Schnürsenkel binden, einmal noch ihre Stollenschuhe kontrollieren, nervös auf- und ablaufen oder ganz still vor sich hin schauen. Keiner achtet auf Alex, den Mannschaftskapitän der blauen Delphine, und Jochen, den Schiedsrichter.

„Wenn du keinen Ärger haben willst, dann lässt du meine Delphine heute ge-

winnen!", murmelt Alex und schaut Jochen drohend an. „Entweder du pfeifst heute für uns, oder ..."

„Oder was?", flüstert Jochen und fühlt ein merkwürdiges Drücken im Magen.

Alex grinst. „Oder ich sag, dass du mir Geld geklaut hast."

Jochen springt auf. „Aber das stimmt doch gar nicht."

„Ja, und?", murmelt Alex. „Aber wenn ich es sage, glauben es alle."

„Das ist Erpressung", stottert Jochen. „Ich kann doch das Spiel nicht falsch pfeifen. So was Gemeines mach ich nicht."

„Dann wirst du schon sehen, was du davon hast", nuschelt Alex und lässt Jochen stehen.

Jochen möchte am liebsten losheulen. „Was soll ich denn jetzt bloß machen?", grübelt er. Alex ist in der ganzen Schule beliebt. Wenn er behaupten würde, dass Jochen ihn bestohlen habe, würden alle es glauben. Keiner würde dann noch etwas mit Jochen zu tun haben wollen. „Ich muss falsch pfeifen", denkt Jochen.

„Nein", flüstert es in diesem Moment in Jochens Kopf. „Das darfst du nicht. Das ist falsch."

Jochen weiß genau, wer da spricht. Es ist der Gewissensengel, der aufpasst, dass er nichts Böses tut. „Immer, wenn du etwas Falsches tun willst, ist er da und warnt dich", hat die Mutter gesagt. „Jeder Mensch hat einen Gewissensengel. Aber viele wollen ihn nicht hören. Gib Acht, dass du es besser machst und immer gut aufpasst, was dein Engel dir sagt."

Plötzlich öffnet Karate-Willi die Tür. „Auf geht' s!", ruft er in den Umkleideraum. Gleich drängeln sich alle Spieler hinaus auf den Fußballplatz.

Schnell stellen sich die Spieler zu beiden Seiten des Fußballfeldes auf. Rechts die gelben Löwen der 3a, links die blauen Delphine der 3b. Jochen, der Schiedsrichter, steht mit den beiden Kapitänen in der Mitte. Er muss eine Münze werfen, um die Feldhälften für die Mannschaften zu bestimmen.

„Anstoß für die blauen Delphine", sagt Jochen.

Alex blinzelt ihm zu, als hätte Jochen die Münze mit Absicht so geworfen, dass seine Mannschaft den ersten Schuss hat. Mit voller Kraft kickt er den Ball über das Feld.

Die Spieler hetzen in Zickzacksprüngen und steilen Geraden über die Flügel und durch die Mitte. Sie dribbeln und spurten, kicken und tricksen.

Aufgeregt drücken die Schülerinnen und Schüler am Rand des Spielfeldes ihrer Mannschaft die Daumen. Lautstark feuern sie ihre Lieblingsspieler an. Die Ersatzspieler auf den Bänken fiebern mit denen auf dem Feld. Bei jedem falschen Tritt gegen das Leder stöhnen sie auf oder schlagen die Hände vor das Gesicht und wollen gar nicht mehr hinschauen.

„Da!" Plötzlich ist es passiert. Ein blauer Delphin stößt den Ball in die Nähe des eigenen Tores.

Der kleine Linksaußen der gelben Löwen nimmt den Ball

an. Wie der Blitz stürmt ihr Mannschaftskapitän Florian dazwischen, nimmt den Ball mit dem Kopf ab, schießt und …

„Tor!", rast das Publikum. „Tor!"

„1:0 für die gelben Löwen!"

Begeistert rennen die Mannschaftsfreunde auf Florian zu. Umarmungen, Schulterklopfen, Bocksprünge. Wie die berühmten Nationalspieler umjubeln sie ihren Champion. Nur die blauen Delphine jubeln nicht. „Foul!", brüllt Alex und boxt wütend in die Luft. „Handspiel! Schieri! Foul!"

Aber es war kein Foul. Jochen hat es genau gesehen. Doch er sieht auch, wie Alex die Faust ballt. Er weiß, was gemeint ist. Zögernd greift er nach der Trillerpfeife.

„Tu's nicht! Tu's nicht!", ruft der Gewissensengel in Jochens Kopf.

Und plötzlich merkt Jochen, dass keiner auf Alex achtet. Das Spiel geht schon weiter. Ehrgeizig greifen die blauen Delphine an. Geschlossen schirmen sie Florian, den gefährlichsten Torschützen der gegnerischen Mannschaft ab, und kicken sich im Zickzack den Ball zu. Doch da! Kaum hat Alex den Ball erwischt und treibt ihn über das Feld in den gelben Torraum, trickst Florian die blauen Delphine wieder aus.

In letzter Sekunde grätscht Alex dazwischen. Hinterlistig schießt er sein Bein vor. Florian kann nicht mehr ausweichen. Er stolpert. „Au!" Mit schmerzverzerrtem Gesicht fliegt er über den Rasen, schlittert ein Stück übers Gras und bleibt liegen.

„Buh!", ruft das Publikum. „Buh!"

42

„Foul!", wie von selbst schreit Jochen auf und stößt laut in die Trillerpfeife. „Gelbe Karte für Alexander! Elfmeter für die gelben Löwen!"

„Nix da! Der Schieri spinnt doch!", schimpft Alex. Doch Jochen bläst nur noch lauter in die Trillerpfeife und hält die gelbe Karte hoch. In seinem Kopf hört er den Gewissensengel lachen. Und dieses Lachen ist so besonders und so schön, dass Jochen mitlachen muss.

Aufgeregt stellt sich die Mannschaft der blauen Delphine wie eine Mauer vor ihrem Torraum auf. Jochen legt den Ball auf den Elfmeterpunkt. Ein kurzer Blickwechsel zwischen den Spielern der gelben Löwen. Alle wissen, was sie zu tun haben. Florian nimmt Anlauf. „Schuss!" Genau in das Tordreieck der blauen Delphine. Ihr Tormann hatte keine Chance.

„Tor! Tor! Tor! 2:0 für die gelben Löwen!" Die Fans der gelben Löwen sind außer Rand und Band. Die Fans der blauen Delphine ärgern sich. Und schon wieder durchbricht ein gelber Stürmer die Abwehr der blauen Delphine und jagt in die Schusslinie.

„Yeah, Yeah, Yeah!", tobt das Publikum.

Alex sieht rot. „Wir verlieren", denkt er. „Gleich wird er den Ball mit einem Querschuss ins Feld zurücktreten." Mit einem Sprung wirft er sich gegen den gelben Stürmer und stößt ihm den Ellenbogen in den Bauch. „Tor!" Ungehindert zieht der blaue Rechtsaußen nun seinen starken Schuss durch und knallt den Ball ins Netz der gelben Löwen.

Begeistert klatschen die Fans der blauen Delphine. „2:1 nur

noch. In der zweiten Halbzeit kann's klappen." Jubelnd umringen die Mannschaftsspieler ihren Meisterschützen.

Diesmal schimpfen nur die gelben Löwen und ihre Fans. „Foul! Buh! Buh!"

Der gestürzte Stürmer der Löwen liegt immer noch am Boden. Der Stoß in den Magen hat wehgetan. Er kann nicht aufstehen. Karate-Willi rennt mit seinem Erste-Hilfe-Köfferchen herbei. „Spielerwechsel!", ruft er.

Da reckt Jochen, der Schiedsrichter, die rote Karte in die Luft. „Rote Karte!", ruft er und zeigt sie für Alex hoch. „Platzverweis für Alexander Löblich!"

Alex starrt Jochen an, als hätte er ein Gespenst gesehen. Für einen Augenblick wird es ganz still auf dem Platz, als Florian verarztet wird und sich auf die Reservebank setzen muss, während ein neuer gelber Spieler auf den Platz spurtet und Alex wegläuft, auf die Sporthalle zu. Dann bricht der Trubel wieder los.

Das Spiel endet 2:1 für die gelben Löwen. Damit steht der Pokalsieger fest.

„Die Sieger des Pokalspiels sind die gelben Löwen der Klasse 3a!", ruft Karate-Willi durch das Megaphon über den Platz.

Obwohl Alex die Finger in die Ohren gestopft hat, kann er den Jubel hören. Als würde er aus einem Traum erwachen, beginnt er sich zu schämen. „Wenn Jochen mich verpetzt", denkt er, „wie stehe ich dann da?" Er versteht sich selbst nicht mehr. Was war bloß mit ihm los? Wie konnte er sich nur so unfair benehmen?

Alex spürt, wie sein Herz klopft. Sicher will niemand aus der Klasse mehr etwas mit ihm zu tun haben, wenn er erfährt, was er getan hat. „Garantiert wird Jochen es ihnen sagen", denkt Alex und hat auf einmal große Angst.

Er kann nicht hören, was der Gewissensengel in Jochens Kopf sagt. Nur Jochen kann die schöne, sanfte Stimme vernehmen, die ihm erklärt, dass jeder mal einen Fehler macht. Alex merkt nur, dass Jochen tief durchatmet. Staunend sieht er, wie dieser ihm den Fußball zuwirft, auf dem alle Pokalspieler ihren Namen aufschreiben sollen. Und er staunt noch mehr, als Jochen fragt: „Vertragen wir uns wieder?"

Alex wird ganz rot, als er: „Ja, gut!", sagt und Jochens ausgestreckte Hand ergreift.

Und dann schreibt er seinen Namen direkt neben Jochens Namen auf den Fußball. Zur Erinnerung.

„Siehst du!", flüstert der Gewissensengel in Jochens Kopf. Niemand außer ihm kann es hören und keiner kann sein wundersames Engelslächeln sehen. Doch es ist so ansteckend, dass Jochen gar nicht anders kann, als mitzulächeln.

Heiliger Engel

Heiliger Engel, mein Begleiter
auf des Lebens Wandergang,
du im Kampf mein treuer Streiter,
du mein Trost in Not und Drang:
Heiliger Engel, bleib bei mir,
wie ein Kind vertrau ich dir.

VOLKSGUT

46

Die Geschichte vom Traumengel

Einmal im Jahr nehmen Mama und Eva sich ihren Frauentag und Papa und Max ihren Männertag. Mama und Eva machen dann einen Ausflug und kommen erst am nächsten Tag wieder. Papa und Max bleiben allein zu Hause.

Diesmal fahren Papa und Max am Männertag Skateboard auf der neuen Skaterbahn im Stadtpark. Anschließend zimmern sie ein kleines Baumhaus im Kirschbaum. Als sie zwischendurch Hunger bekommen, grillt Papa Hähnchenschenkel und Pommes. Danach bauen sie das Baumhaus fertig. Am liebsten würde Max gleich darin übernachten. Aber Papa will lieber im Bett schlafen. Und allein darf Max nicht über Nacht im Baumhaus bleiben.

„Schade!", meint Max. Aber als sie abends zusammen kuscheln und ein bisschen fernsehen, findet er es auf dem weichen Sofa auch gemütlicher als auf dem harten Bretterboden im Baumhaus.

Als die alte Standuhr im Wohnzimmer acht Mal schlägt, ruft Max: „So'ne olle Zwiebel. Die geht doch nach dem Mond."

Aber Papa lacht nur. „Bettzeit ist Bettzeit, Max. Ohne Lirilari."

„Aber mit Safari", reimt Max. „Trägst du mich heute huckepack?"

„Nur, wenn du nicht noch zehn Mal aus dem Bett steigst", sagt Papa.

„Nur, wenn ich heute bei dir im Bett schlafen darf", verlangt Max.

Papa traut seinen Ohren nicht. „Wieso das denn?"

„Weil in meinem Bett der Buh-Mann ist", flüstert Max. „Wenn ich schlafe, kommt er. Er drückt mich, dass ich keine Luft mehr kriege." Papa legt den Arm um Max.

„Kommt der Buh-Mann zu dir auch?", fragt Max.

Papa schüttelt den Kopf. „Buh-Männer gibt es nicht."

„Wenn es ihn aber doch gibt?"

„Dann weiß ich einen guten Trick", sagt Papa. Max kann Papas Herz hören. Es schlägt ganz ruhig und fest. „Und welchen?", fragt Max.

„Den Traumengel-Trick", erklärt Papa. „Den hat mir mein Opa verraten, und der wusste ihn von seinem Opa, und der hatte ihn auch von seinem Opa."

„Und wie geht der?", will Max wissen.

„Wenn man zu Bett geht, streut man etwas Zucker für den Schutzengel aufs Fensterbrett und wünscht sich von ihm einen schönen Traum." Papa drückt Max ein wenig fester. „Diesen Zucker findet dein Traumengel. Und weil er sich darüber freut, erfüllt er deinen Wunsch."

„Wie denn?", staunt Max.

„Er fliegt ganz schnell zur Traumwerkstatt und holt ihn ab", erzählt Papa.

„Und wo soll die sein?", fragt Max.

„Die Traumwerkstatt ist in einem großen, großen Fesselballon, der jede Nacht über den Himmel schwebt. Unter dem Fesselballon hängen fünf Körbe. Darin sitzen viele Engel. Die allerkleinsten Engelchen sind in dem ersten Korb, ganz oben unter dem Ballon. Sie fangen die silbernen Mondstrahlen ein und binden sie zu Pinseln zusammen. Die etwas größeren Engel sitzen im zweiten Korb und schütteln die Sterne, bis feinster Sternenstaub herunterrieselt. Die noch ein bisschen größeren Engel sitzen im dritten Korb und fangen den Sternenstaub auf. Im vierten Korb sitzen wieder etwas größere Engel und mischen den Sternenstaub zu bunten Regenbogenfarben. Zuletzt sind die großen Traummaler-Engel an der Reihe, die ganz unten im fünften Korb sitzen und Traumbilder malen, eines immer herrlicher als das andere. Und sobald ein Traumengel kommt, um einen Traum zu holen, lassen sie so ein schönes Traumbild fliegen."

„Und dann?", überlegt Max.

„Der Traumengel fängt es auf und schwebt damit ins Kinderzimmer", er-

klärt Papa. „Und gleich kann das schöne Träumen losgehen.“

„Echt?“, wundert sich Max.

„Klar“, nickt Papa. „Du weißt doch, wie man die Traumengel nennt, die nachts über den Himmel sausen und die schönen Traumbilder fangen?“

Max schüttelt den Kopf.

„Sternschnuppen“, erklärt Papa.

„Ich hab schon mal eine gesehen“, sagt Max.

„Siehst du“, lacht Papa. „Das ist der Beweis. Der Traumengel-Trick stimmt.“

„Genau!“, freut sich Max und streut schnell noch ein bisschen Zucker aufs Fensterbrett. Für seinen Traumengel. Und dann macht er die Augen zu und wünscht sich einen Traum aus der Engel-Traumwerkstatt. Einen besonders schönen.

Was der Schutzengel spricht

Ich bin bei dir dein Leben lang,
halt über dich meine schützende Hand.
Manchmal siehst du mich an,
obwohl du mich nicht sehen kannst.

Meine Welt liegt in Schwarzweiß,
nur du machst sie farbenreich.
Ich existiere allein für dich,
nur wenn du fällst, spürst du mich.

Mein Herz, mein Geist, meine Seele
lebt nur für dich,
mein Tod, mein Leben, meine Liebe
ist nichts ohne dich.

Wenn du träumst, bin ich bei dir,
wache jede Nacht neben dir.
Manchmal suchst du meine Hand,
obwohl du mich nicht sehen kannst.

Meine Welt liegt in Dunkelheit,
nur du lässt das Licht hinein.
Ich existiere allein für dich,
nur wenn du fällst, spürst du mich.

Mein Herz, mein Geist, meine Seele
lebt nur für dich,
mein Tod, mein Leben, meine Liebe
ist nichts ohne dich.

UNBEKANNTER VERFASSER

Die Geschichte vom Marzipan-Engel

Eines Tages stellte Konditormeister Schlecker-bäcker einen Engel aus Marzipan in das Schaufenster seiner Konditorei und schrieb „Süßer Schutzengel" dazu.

Alle Kinder, die mit ihren Eltern an diesem Schaufenster vorbeikamen, blieben stehen und riefen: „Ist der Engel aber süß! Bitte, bitte, krieg ich einen?" Die meisten Eltern sagten: „Ja!" Und dann nahmen sie einen der vielen anderen Marzipanengel, die im Ladenregal standen, mit sich hinaus in die große, weite Welt.

Wie sehr wünschte sich der Marzipan-Engel, dass auch er endlich gekauft würde. Doch niemand wollte ihn haben.

Traurig betrachtete der Marzipan-Engel sein zuckergussweißes Gewand, das schon ein wenig grau und unansehnlich wurde. Er wusste, was mit den Sachen passierte, die keiner kaufen wollte. Sie wurden in eine große Tüte geschmissen und dann in den Mülleimer. „Soll das auch mein Schicksal sein?", dachte der Marzipan-Engel und dabei kullerte eine dicke Zuckerträne über seine Wange.

In diesem Moment klingelte die Ladentür und der Konditor-lehrling trat herein, der frische Waren für den Markt abholen wollte. Pralinenschachteln, Schokoladentafeln, Zuckerhasen und Schokoladenmänner, alles wurde in den großen Waren-korb gelegt. Und plötzlich hatte der Marzipan-Engel eine Idee.

Er hörte zu weinen auf und ließ sich einfach zwischen die Süßigkeiten fallen. Und als der Lehrling über das holprige Straßenpflaster zum Markt radelte, purzelte der Marzipan-Engel heraus und rollte auf und davon.

Zum Glück landete er genau in einem Blumenbeet am Straßenrand, so dass er weich fiel und sich nichts gebrochen hatte. Neugierig blickte der Marzipan-Engel sich um. Wie strahlend hell die Sonne schien! Wie lieblich die Blumen dufteten! Wie sanft der Wind blies! Wie schön alles war!

„Hallo!", grüßte auf einmal jemand unter dem Rosenstrauch neben dem Marzipan-Engel hervor. „Wer bist denn du?"

„Ich bin ein Engel!", antwortete der Marzipan-Engel und betrachtete den seltsamen stacheligen Gesellen mit den schwarzen Knopfaugen und vier Beinen. „Und wer bist du?"

„Ich bin ein Igel. Und du willst ein Engel sein?" Der Igel kugelte sich vor Lachen. „So dicke Engel gibt es nicht. Engel sind zart und durchsichtig und leicht wie eine Feder. Du willst mich nur an der Nase herumführen. Du bist bestimmt eine leckere Weinbergschnecke ohne Haus." Und schon wollte er in das Marzipan des Engels beißen.

„Ach, bitte, bitte, friss

mich nicht!", flehte der Marzipan-Engel in höchster Not. „Ich werde dir sowieso nicht schmecken."

Doch der Igel hatte großen Hunger. Und wäre nicht ein Hund vorbeigekommen, so wäre es um den Marzipan-Engel geschehen gewesen.

„Was ist denn hier los?", bellte der Hund und schnupperte den Marzipan-Engel von allen Seiten an. „Ist Ihnen diese Bürste auf vier Beinen etwa zu nahe getreten, Verehrteste?" „Sie haben mir das Leben gerettet", flüsterte der Marzipan-Engel dankbar. „Der Igel wollte mich fressen."

„Wau! Wau! So eine Frechheit!", bellte der Hund dem Igel nach, der sich rasch aus dem Staub machte. „Wenn hier jemand etwas frisst, dann ..."

„ ... bist du es nicht!", fauchte es in diesem Augenblick über dem Marzipan-Engel und etwas Schwarzes sprang aus einem Baum in das Blumenbeet hinunter.

Gleich rannte der Hund davon, dass seine langen Ohren nur so flogen.

Der Marzipan-Engel musste kichern. „Danke!", lächelte er die schöne Schwarze an. „Du hast mir das Leben gerettet. Wer bist du?"

„Ich?" Die Schwarze schloss ihre grünen Augen. „Ich bin eine Katze. Und wer bist du?" Auf ihren leisen Sohlen kam sie ein bisschen näher.

„Ein Engel", flüsterte der Marzipan-Engel und schloss die Augen vor Angst, dass die Katze ebenso laut lachen würde wie der Igel.

Aber die Katze lachte nicht. Sie kam näher und näher. „Mmm!", schnurrte sie. „Mmm!"

Das klang so schön, dass der Marzipan-Engel die Augen erst wieder aufschlug, als die Katze zu schnurren aufhörte. Da sah er, dass neben der Katze ein Kind kniete, ein kleiner Junge.

„Ich hab mich verlaufen", sagte er. „Und ich hab solchen Hunger. Darf ich dich aufessen?"

„Ja!", flüsterte der Marzipan-Engel und wusste plötzlich, dass er genau auf diesen Moment schon immer gewartet hatte. Überglücklich spürte er, wie seine Marzipangestalt immer feiner und zarter wurde, bis er ein echter Engel geworden war.

Da breitete er lächelnd seine Flügel aus und nahm den kleinen Jungen an die Hand. „Hab keine Angst. Ich bin jetzt dein Schutzengel und für immer bei dir. Komm, ich bring dich nach Hause."

Und dann gingen sie fröhlich zusammen heim.

56

Wirst geführt von Engelshänden

Spiele fröhlich ohne Sorgen,
Kindlein, in des Lebens Morgen!
Wirst geführt von Engelshänden,
die das Böse von dir wenden.
Wirst bestrahlt von Himmelsschein
als des Heilands Blümelein.

VOLKSGUT

Die Geschichte vom Mut-Engel

Greta war so ängstlich, dass sie sich vor fast allem fürchtete: Vor großen Hunden, fremden Menschen, dem dunklen Wald, vor allem aber vor Geistern und Gespenstern, die nachts ihr Unwesen treiben.

Eines Tages lag die Mutter krank zu Bett und brauchte Medizin. „Gretchen, mein Mädchen", bat sie, „lauf rasch zum Doktor. Er soll mir ein Mittel gegen Fieber verschreiben."

Greta blickte die Mutter aus großen Augen an. Der Doktor wohnte am anderen Ende des Dorfes. Wenn man zu ihm wollte, musste man durch den Wald gehen. Und außerdem schneite es in dicken Flocken. Bald schon würde es dunkel sein.

„Bitte, geh, mein Kind", bat die Mutter noch einmal. „Der liebe Gott wird dir einen Engel schicken und dich beschützen."

Und dabei sah sie so blass aus, dass Greta den Mantel vom Haken nahm und trotz aller Angst hinaus in den Schnee lief.

Wie sie noch so dastand und zum dunklen Wald hinüberschaute, kamen Kinder mit dem Schlitten vorbei. „Ach, Gretchen Angstmädchen", riefen sie und lachten. „Wohin willst du denn?"

Greta biss sich auf die Lippen. „Durch den Wald", antwortete sie,

58

„zum Doktor. Meine Mutter ist krank."

„So, durch den Wald?", stichelte ein Junge und blinzelte den anderen Kindern heimlich zu. „Ja, weißt du denn nicht, dass heute im Wald die Geister spuken? Hast du einen Zauberspruch, um sie zu verjagen?"

Greta zitterte vor Angst. „Nein", flüsterte sie, „Hast du denn einen?"

„Und ob!", prahlte der Junge. „Wenn du im Wald bist und etwas knacken hörst, musst du sofort stehen bleiben und laut den Zauberspruch sagen. Dann denkt der Geist, du bist auch ein Gespenst und lässt dich in Ruhe."

„Und wie heißt der Zauberspruch?", fragte Greta.

Da legte der Junge eine Hand an den Mund und murmelte so laut in Gretas Ohr, dass auch alle anderen Kinder es hören konnten: „Der Zauberspruch heißt: Eng-scheng-beng."

„Vielen Dank!", murmelte Greta, „Das merke ich mir", und stapfte hinaus in den Winterwald. Dass der Junge sich vor Lachen den Bauch hielt und den anderen Kindern winkte, ihm hinter eine Hausecke zu folgen, sah Greta nicht.

Nicht lange, da begann es ringsum im Wald aus dem Dickicht zu stöhnen, zu ächzen und schaurig zu wimmern. Immer wieder krachte und polterte es zwischen den Bäumen, so dass schwere Schneeladungen von den Tannenzweigen rauschten.

Greta ging schneller. Sie dachte an ihre Mutter, die so dringend Medizin benötigte. Mit beiden Händen presste sie die Ohren zu. Doch das Heulen und Poltern hörte nicht auf. „Eng-scheng-beng!", schrie Greta, „Eng-scheng-beng!" Trotzdem wurden die unheimlichen Geräusche nicht leiser. Im Gegenteil, sie schienen näher und näher zu kommen.

Da begann Greta vor Angst zu laufen. Sie rannte so sehr, dass sie ihre Fäustlinge und die Mütze verlor und den Weg kaum noch erkennen konnte. Viel zu spät bemerkte sie eine blinkende Eispfütze. Und schon saß sie auf dem Po.

In ihrer Angst schlug Greta die Hände vor das Gesicht und blieb stocksteif sitzen. „Gleich", dachte sie, „gleich kommen die Geister und holen mich." Aber niemand kam. Sogar das Geistergeschrei war weg.

Schnell versuchte Greta aufzustehen. Doch der Knöchel tat schrecklich weh und das Bein gab immer wieder nach. Was sollte sie denn jetzt nur machen, so ganz allein mitten im Wald, mit einem kaputten Fuß? Plötzlich fiel ihr ein, was die Mutter gesagt hatte. „Lieber Gott, hilf mir und beschütze mich!", flüsterte sie. „Ich muss doch zum Arzt und meiner Mutter Medizin bringen."

In diesem Moment sandte Gott seinen Mut-Engel aus, damit dieser zu Greta fliegen und ihr Mut machen sollte, sich einmal ganz genau umzusehen. Leicht wie eine Schneeflocke schwebte der Mut-Engel aus dem Himmel herunter.

Kaum hatte er Gretas Augenlider berührt, bemerkte sie einen festen Holzknüppel neben sich. Er war gerade lang genug, dass sie sich auf ihn stützen und loshumpeln konnte. „Den hat mir bestimmt Gottes Engel gezeigt!", dachte Greta und

flüsterte: „Danke schön, lieber Engel. Jetzt schaffe ich es. Es ist ja nicht mehr weit bis zu Mutters Arzt. Nur noch eine Kurve und eine Brücke."

Wenig später stürmten auf einmal die anderen Dorfkinder hinter den Bäumen und Büschen hervor. „Hey, Greta", riefen sie und schwenkten Gretas Fäustlinge und ihre Mütze, die sie im Schnee gefunden hatten. „Warte! Du hast was verloren."

„Wo kommt ihr denn auf einmal her?", staunte Greta.

„Das ist eine ziemlich lange, ziemlich blöde Geschichte", sagte der Junge, der ihr den Geisterspruch verraten hatte, und ergriff Gretas Hand. „Die erzähl ich dir später. Weißt du eigentlich, dass du ganz schön mutig bist?"

„Ich?", staunte Greta und wurde rot.

Der Junge lachte. „Ja, von heute an sagen wir nur noch Greta Mutmädchen zu dir. Setz dich auf meinen Schlitten. Ich will der Erste sein, der dich zieht."

„Ja, gut", nickte Greta und steckte einen Kieferzapfen, der soeben aus dem Baum und neben ihr in den Schnee gefallen war, in die Manteltasche. Den wollte sie behalten. Zur Erinnerung an den Tag, an dem aus Gretchen Angstmädchen Gretchen Mutmädchen geworden war.

Mein Engel und ich

Wenn ich am Morgen die Sonne schon spüre,
mich aber dennoch im Bett noch nicht rühre,
obwohl Papa laut: „Frühstück!", ruft,
lieg ich still,
weil ich mit mir
noch ein wenig allein bleiben will.
Hinter den Augen schimmern dann Lichter
und ein Flüstern ist in mir,
das kommt immer dichter,
bis es mein innerstes Ohr erreicht
und zart über meine Seele streicht:
„Mein Kind, ich bin bei dir
und schütze dich."
Und ich denke: „Mein Engel,
wie lieb ich dich."

Die Geschichte vom Sternputzer-Engel

Es war bitter kalt geworden. Der Sternputzer-Engel rieb seine Flügel fröstelnd aneinander. „Muss ich heute wirklich hinaus und die Sterne blank reiben?", fragte er und schaute den Erzengel Rafael bittend an. „Darf ich im Himmel bleiben? Ausnahmsweise?"

Der Erzengel Rafael, der dafür sorgt, dass jeder, der eine Reise antritt, gut beschützt wird und gesund ankommt, wandte sich verwundert um. „Weißt du nicht, dass Gott die Sterne an den Himmel gesetzt hat, damit sie den Menschen ihren Weg durch die dunkle Nacht zeigen?"

Der Sternputzer-Engel senkte beschämt den Kopf. „Doch. Aber mir ist so kalt."

Der Erzengel Rafael lächelte. Er konnte sich noch gut erinnern, wie er selbst ein Sternputzer-Engel gewesen war. Prüfend schob er seine nackten Zehen durch den Wolkenvorhang vor dem Himmelstor in den Sternenraum hinaus. „Stimmt!", brummte er. „Draußen ist es wirklich kalt."

„Sag ich doch!", rief der Sternputzer-Engel und hauchte in seine kalten Hände.

Der Erzengel Rafael lächelte abermals. „Hier, nimm!", sagte er und zog seinen eigenen Umhang von den Schultern. „Er ist zwar etwas zu groß, aber er wird dich wärmen."

Der Sternputzer-Engel klatschte vor Freude. Eilig warf er den warmen Mantel um sich, winkte noch einmal und stapfte los. Er hörte kaum, wie der Erzengel Rafael ihm nachrief: „Dass du mir den Mantel aber ja nicht schmutzig machst."

Draußen vor dem Himmelstor breiteten sich die Sterne der Milchstraße wie ein funkelnder Teppich vor den Füßen des Sternputzer-Engels aus. Eifrig zog er sein Sternputztuch aus dem Täschchen an seinem Gürtel und begann, die goldenen und silbernen Sternspitzen abzureiben. Wenn ein Stern im neuen Glanz erstrahlte, nahm der Sternputzer-Engel Anlauf, breitete seine Flügel und den Mantel des Erzengels Rafael aus und schwebte zum nächsten. Das machte Spaß.

Auf einmal aber blies ein starker Windstoß über den Himmel. Er erfasste den Sternputzer-Engel und pustete den Mantel des Erzengels wie ein großes Segel auf. „Hilfe!", schrie der Sternputzer-Engel erschrocken. Mit beiden Händen klammerte er sich an einer Sternenzacke fest. Doch der Wind zog und zerrte und schon wirbelte der Sternputzer-Engel quer über den Himmel davon.

„He! He!", rief der Sternenriese Osiris, als der Sternputzer-Engel gegen seinen Bauch stieß. „Du solltest die drei Funkelsterne in meinem Gürtel putzen, sie aber nicht gleich abreißen."

„Halt! Halt! Du machst ja meinen Sternennebel kaputt", schimpfte die schöne Andromeda, als der Sternputzer-Engel an ihr vorüberpurzelte. „Was fällt dir ein, so über den Himmel zu sausen?"

„Na, warte, du Schlingel!", schalt auch Aquarius, der Wassermann-Stern, und versuchte, den Sternputzer-Engel mit dem

Dreizack zu fangen. Aber dabei lachte er, dass sein dicker Bauch wackelte.

Zum Glück fühlte der Sternputzer-Engel, dass er plötzlich von zwei dicken kuscheligen Armen aufgefangen und an einen weichen, warmen Pelz gedrückt wurde. „Nicht so schnell, mein kleiner Freund", brummte es an seinem Ohr. Und sofort wusste der Sternputzer-Engel, wer ihn gerettet hatte.

„Vielen Dank, lieber großer Stern-Bär!", flüsterte er und schlang beide Arme um seinen zotteligen Freund.

„Gern geschehen, kleiner Engel", brummte der große Stern-Bär. „Sieh nur, deine Flügel sind ja fast so zerzaust wie mein Fell." Und dabei versuchte er, die feinen weißen Federn mit seinen Pranken glatt zu streichen. „Komm, setz dich in meinen Sternenwagen. Ich fahre dich ans Himmelstor zurück."

Fröhlich wollte der Sternputzer-Engel das Angebot annehmen und in den Wagen springen, als er vor Schreck keinen Finger mehr regen konnte. Der Mantel des Erzengels Rafael hatte einen Fleck. Mitten auf der Brust. Einen dicken schwarzen Fleck. Auf dem silbern glänzenden Stoff konnte man ihn nicht übersehen.

„O weh!", rief der Sternputzer-Engel verzweifelt. „Was tu ich denn jetzt bloß, großer Bär? Ich darf den Mantel doch nicht schmutzig machen."

„Das haben wir gleich", brummte der Freund. „Pass mal auf." Lustig zwinkerte er dem Sternputzer-Engel zu und rieb den Fleck mit Spucke ab. Doch „O Schreck!", davon wurde er nur noch größer. Und als der Bär mit seiner spitzen Kralle über den Stoff strich, kratzte er beinahe auch noch ein Loch hinein.

„Aufhören!", rief der Sternputzer-Engel entsetzt. „Aufhören!" Und dann warf er sich in den leuchtenden Sternenwagen des großen Stern-Bären und weinte so bitterlich, dass sein Freund beinahe auch in Tränen ausgebrochen wäre.

In diesem Moment fühlte der Sternputzer-Engel plötzlich etwas Hartes unter seinen Fingern. Etwas mit Spitzen und Zacken. Etwas Blankes. Mit einer Nadel auf der Rückseite. „Was ist das?", fragte er und setzte sich neugierig auf.

„Das?", murmelte der große Stern-Bär und kratzte sich ein bisschen den Pelz. „Das haben die Astronauten mal auf dem Mond verloren."

„Es ist ein Stern", staunte der Sternputzer-Engel. „Ein goldener Stern zum Anstecken."

Der Stern war ein wenig größer als seine Hand. Und auf einmal hatte der Sternputzer-Engel die wunderbarste Idee. Aufgeregt legte er den Stern auf den Fleck im Mantelstoff und tatsächlich, er passte. Unter dem großen goldenen Stern würde niemand

den Fleck auf dem Mantel des Engels Rafael bemerken.

„Hübsch!", lobte der große Stern-Bär, der gespannt zuge-
schaut hatte. „Viel hübscher als vorher."

Da lachte der Sternputzer-Engel und gab seinem Freund einen
dicken Kuss, mitten auf die Nasenspitze. „Fährst du mich zurück?", fragte er.

„Na, klar", sagte der große Stern-Bär. „Halt dich nur gut fest."
Und schon rannte er mit seinem Wagen quer über den Himmel
und die ganze Milchstraße entlang, bis das Himmelstor in Sicht
kam und die beiden Freunde Abschied nehmen mussten.

„Auf Wiedersehen, kleiner Engel", brummte der große Stern-
Bär.

„Auf Wiedersehen, großer Bär", rief der Sternputzer-Engel.
Noch einmal winkten sie sich zu, bis der große Stern-Bär mit
seinem Wagen hinter einer Kurve der Milchstraße verschwun-

den war. Dann machte sich der Sternputzer-Engel allein auf den Weg zum Himmelstor.

Der Erzengel Rafael sah ihn schon von weitem kommen. „Reichlich spät!", meinte er, als der Sternputzer-Engel ans Himmelstor klopfte.

„Verzeihung", sagte der Sternputzer-Engel und legte den Mantel so über den Arm des Erzengels, dass dieser den Goldstern sofort sah.

„Ein Geschenk?", fragte der Erzengel Rafael und schaute den Sternputzer-Engel prüfend an, während er seinen Mantel wieder umlegte.

Der Sternputzer-Engel nickte zuerst. Aber weil Engel nicht lügen können, schüttelte er gleich danach den Kopf und flüsterte: „Es ist ein Geschenk, weil ich den Mantel ein bisschen schmutzig gemacht habe."

Der Erzengel Rafael unterdrückte ein Schmunzeln. „Wenigstens weißt du dir zu helfen", meinte er und legte die Hand über den Stern auf der Brust. „Und ich muss schon sagen, so einen Mantel wie ich hat jetzt nicht einmal der Erzengel Michael."

„Juchhu!", freute sich der Sternputzer-Engel und sprang so glücklich davon, dass sein Heiligenschein verrutschte.

Liebevoll schaute der Erzengel Rafael ihm nach.

Schutzengel

In meinem Baumhaus
wiegt mich der Wind,
deckt mich die Sonne zu.
Und wenn meine Augen geschlossen sind,
ist der Sommer ganz zärtlich.

Fast so, mein Engel, wie du.

Die Geschichte vom Wunschzettel-Engel

Es war an einem Winterabend, kurz vor Weihnachten. Den ganzen Tag hatte es geschneit, jetzt aber blies der Wind die Wolken fort. Wie ein bestickter Teppich breitete sich der Sternenhimmel im Mondlicht über die Welt.

„Es ist Zeit, die Wunschzettel abzuholen", rief der Weihnachtsmann und sah sich in der Himmelswerkstatt um. Die Vorratsregale waren reich gefüllt. Geschenkartikel, so weit das Auge reichte; nichts war vergessen. Und aus der Engelsküche nebenan duftete es nach Mandeln und Zimt und Lebkuchen und Plätzchen.

Auf diesen Augenblick freuten sich die Wunschzettel-Engel das ganze Jahr.

Wie gern flogen sie in die verschneite Welt hinaus, um die Wunschzettel der Kinder in allen Häusern einzusammeln! Rasch stellten sie sich der Größe nach in einer Reihe auf und zogen auch den jüngsten Engel mit, der zum ersten Mal auf die Reise gehen sollte. Aufmerksam hörten sie zu, wie der Weihnachtsmann einen Ort auf der Welt nach dem anderen vorlas.

Für jeden Ort in der Welt meldete sich ein Engel und trat vor. Nur Großstädte brauchten mehrere Engel gleichzeitig. Jeder von ihnen bekam eine Posttasche und einen warmen Mantel, und dann durfte er sofort zum Wunschzetteleinsammeln losfliegen. Zuletzt kam die Reihe auch an den jüngsten Wunschzettel-Engel.

„Weil du noch lernen musst, wie alles funktioniert, sollst du heute mit mir fahren und mein persönlicher Gehilfe sein", sagte der Weihnachtsmann, der ein letztes Mal die Bindungen seiner Ski überprüfte. „Setz dich in meine Kapuze. Da ist es weich und warm."

Das ließ sich der jüngste Wunschzettel-Engel nicht zwei Mal sagen. „Husch!", mummelte er sich in der Kapuze ein. Und schon ging die Schussfahrt über die Schneewolkenberge los.

Der Wunschzettel-Engel hätte noch Stunden lang weiterfahren mögen, doch plötzlich hielt der Weihnachtsmann an. Zu ihren Füßen lag ein Dorf mit dicken Schneedecken auf allen Dächern. Überall in den Häusern brannte Licht. „Siehst du die Briefumschläge an den Fenstern?", fragte der Weihnachtsmann.

„Ja, klar", antwortete der Wunschzettel-Engel eifrig.

Der Weihnachtsmann schmunzelte. „Hier hast du eine große Tasche. Sammle alle Briefe darin ein und bring sie mir. Ich will inzwischen zu den Haustieren gehen und sie nach ihren Weihnachtswünschen fragen."

„Nichts leichter als das!", prahlte der Wunschzettel-Engel. „Wetten, dass ich schneller fertig bin als du?"

71

Doch der Weihnachtsmann wollte nicht wetten. „Nimm deine Aufgabe nicht zu leicht", mahnte er. „Wunschzettel einsammeln ist kein Spiel."

„Ja, ja, ja!", meinte der Wunschzettel-Engel ungeduldig und flog los. Kein Weg war ihm zu weit, kein Fenster zu hoch. Schnell waren alle Briefe eingesammelt und die Tasche voll.

„Erster!", jubelte der Wunschzettel-Engel übermütig, „Ich hab gewonnen! Weihnachtsmann, guck doch mal!", und schlug vor Freude einen Purzelbaum in der Luft.

„Halt! Stopp!", schrie der Weihnachtsmann noch, aber da war es schon passiert: die Tasche öffnete sich und alle Wunschzettelbriefe fielen heraus.

„Oh, nein!", rief der Wunschzettel-Engel erschrocken und sauste hierhin und flitzte dorthin, um die Briefe im Flug zu erwischen. Doch viele fing er leider nicht. Einer nach dem anderen schwebten sie zu Boden, bis sie überall auf dem Schnee verstreut lagen. Wenn der Wunschzettel-Engel nur gewusst hätte, wo. Die weißen Briefumschläge auf dem weißen Schnee waren kaum zu erkennen.

„Wie soll ich sie denn jetzt bloß finden?", jammerte der Wunschzettel-Engel und stellte sich die enttäuschten Gesichter der Kinder vor, die kein Weihnachtsgeschenk bekommen würden, weil er ihren Wunschzettel verloren hatte. Fast wäre er in Tränen ausgebrochen.

„Ho, ho, ho!", brummte der Weihnachtsmann, der fühlte, wie es im Herzen des Wunschzettel-Engels aussah. „Wer wird denn da gleich weinen? Komm her, du Schlingel, ich helfe dir."

„Wirklich?", fragte der Wunschzettel-Engel und flatterte rasch näher. „Bist du mir denn gar nicht böse?"

„Mhm", schüttelte der Weihnachtsmann den Kopf und blinzelte seinem Helfer zu. „Weihnachtsmänner waren auch mal klein, verstehst du?"

Da konnte der Wunschzettel-Engel schon fast wieder lachen. Erwartungsvoll schaute er zu, wie der Weihnachtsmann einen Tannenbaum aus dem Rucksack zog und auf jedem Zweig einen Kerzenhalter befestigte, in den er eine brennende Kerze steckte. Wie der Schnee nun im Licht glitzerte! Nur dort, wo die Wunschzettelbriefe lagen, glitzerte er nicht. Daher waren sie genau zu erkennen.

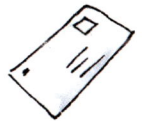

„Danke, Weihnachtsmann!", rief der Wunschzettel-Engel.

Der Weihnachtsmann lachte. „Nun komm! Breite deine Flügel aus und stell dich vor mir auf meine Ski. Dann fahren wir zusammen los, und ich leuchte dir, bis du alle Briefe eingesammelt hast."

So glitten sie miteinander im hellen Kerzenschein über den funkelnden Schnee, ein Engel mit glänzenden Flügeln vorn auf den Skispitzen und ein stattlicher Weihnachtsmann mit einem leuchtenden Tannenbaum in der Hand dicht dahinter. Wie zwei Bänder zogen sich die Spuren der Ski durch den Schnee, bis die Posttasche des Wunschzettel-Engels wieder prall gefüllt war. Und kein einziger Wunschzettelbrief ging verloren.

Auch Engel brauchen einen Freund

Ein kleiner Engel ist bei Nacht
allein im Himmel aufgewacht
und denkt bei sich ganz still:
„Ob keiner wohl mein Freund sein will?"

Schnell schlüpft er in sein Engelskleid.
Die Engelsflügel sind bereit.
Er sucht im Himmel hin und her,
ob irgendwo ein Freund wohl wär'.
Doch kann er keinen finden.

Ein großer Engel sieht ihn weinen
und schickt zum Trost für diesen Kleinen
ein Sternlein aus dem Himmelszelt,
das leuchtend auf die Erde fällt.

Der Lichtstrahl führt zu einem Haus.
Ein Kind schaut dort zum Fenster raus.
Das ist allein und fragt sich still:
„Ob keiner mich zum Freund wohl will?"

Der kleine Engel hat's vernommen.
Er ist ganz schnell zum Kind gekommen.
Das hat die Haustür aufgemacht
und seinen Engel angelacht:
„Schön, dass du mich gefunden."

Der große Engel lächelt mild.
Er stützt sich schwer auf Schwert und Schild,
muss ja im Himmel wachen,
doch hört er froh das Lachen,
als beide Kleinen leise tuscheln
und still vergnügt zusammen kuscheln.

Die Geschichte vom Geschwister-Engel

Vor zwei Wochen schon war die erste Kirsche rot und reif gewesen. Freddy hatte sie vom Balkon aus gesehen. „Jetzt kommt das Baby", hatte er durch das Treppenhaus gerufen.

„Wieso?", hatte die Mutter gefragt.

„Weil die Kirschen reif sind. Papa hat gesagt, dann kommt das Baby."

Die Mutter hatte nur gelacht.

Und nun, nur zwei Tage später, war es plötzlich so weit. Die Mutter hatte im Krankenhaus ein Baby bekommen. Der Vater war vor Freude ganz aus dem Häuschen.

„Mach dich schön", rief er Freddy zu. „Du hast eine kleine Schwester. Wir wollen Mama und unser Baby sofort besuchen."

„Hast du denn auch ein Geschenk für Stefanie?", fragte Freddy und nannte stolz ihren Namen, den er für sie ausgesucht hatte.

Der Vater schmunzelte. „Sie ist gerade erst auf die Welt gekommen. Sie kann sich noch gar nicht über Geschenke freuen."

„Ich hab trotzdem was", sagte Freddy. „Ich schenk ihr einen Schlumpf." Es war sein eigener blauer Lieblingsschlumpf

mit der Sonnenblumenlaterne. „Er soll unser Geschwister-Engel sein."

„Aber Engel haben doch Flügel", meinte der Vater.

„Dieser hat eine Laterne", erklärte Freddy.

„Gut", meinte der Vater. Aber Freddy merkte, dass er gar nicht richtig zuhörte. „Wahrscheinlich denkt er an Stefanie", überlegte er still für sich. Und dabei spürte er, dass auch er sich auf sein Schwesterchen freute.

Wenig später waren sie im Krankenhaus. Die Mutter lag in einem Einzelzimmer. Sie freute sich und streckte ihnen glücklich die Arme entgegen. Nur Stefanie fehlte.

„Wo ist sie denn?", fragte Freddy.

In diesem Moment ging die Tür auf und eine Krankenschwester brachte ein Baby herein. Winzig war es. Freddy starrte ungläubig hin. Und so rot und zerdrückt. Es machte nicht einmal die Augen auf.

„Gefällt sie dir?", wollte die Mutter wissen.

Da wusste Freddy nicht, was er sagen sollte. „Ist sie auch nicht vertauscht?", fragte er.

„Nein", lachte die Mutter. „Sie sieht dir sogar ähnlich."

Der Vater schob den Zeigefinger in Stefanies Faust. Ihre Finger klammerten sich sofort fest. Die Mutter und der Vater lächelten sich an. Etwas war anders mit ihnen. Etwas, das bewirkte, dass Freddy irgendwie nicht dazugehörte. Er rückte ans Fußende von Mutters Bett und zappelte mit den Beinen. Keiner schien es zu merken. „Früher hätten sie es bemerkt", meinte Freddy und schaute das Baby an. „Eigentlich hab ich mir gar keine

Schwester gewünscht, sondern einen Bruder", dachte er. Er würde ihr den Schlumpf überhaupt nicht schenken.

Von dem Tag an, an dem Stefanie aus dem Krankenhaus kam, wurde zu Hause alles anders. Freddy konnte es fast nicht aushalten. "Immer nur das Baby", maulte er. Diese kleine Schwester nervte bloß noch.

Und auf einmal war der Gedanke da: "Ich geh weg!" Wenn er weg wäre, würden die Eltern ja sehen, was sie an ihm hatten. Pausenlos würde das Telefon klingeln. Alle Leute würden nach Freddy fragen und nicht ständig nur nach Stefanie. Weinen würden sie um ihn. Und Mama müsste schwarze Strümpfe tragen. Mitten im Sommer. "Geschieht ihr recht", dachte Freddy.

Tief in der Nacht stand er auf. Seine Reisetasche war schon gepackt. Unten lagen der Pulli mit dem Segelboot, dann das Sparschwein und eine frische Unterhose. Falls er mal zum Arzt müsste. Klar, dass man beim Arzt immer eine saubere Unterhose haben muss. Seine Zündplättchenpistole und eine Taschenlampe hatte er in einer Seitentasche verstaut. Zuoberst lag ein Marzipanbrot. Als Reiseproviant. "Fertig!", sagte Freddy und musste ein bisschen durch die Nase schniefen.

Als er die Tür öffnete, bewegte der Luftzug die rot gewürfelten Vorhänge an seinem Hochbett. Der Opa hatte es gebaut. So ein

Bett hatte keiner, nur Freddy. Es sah aus, als würden die Vorhänge ihm zum Abschied zuwinken. Freddy bekam einen komischen Kloß im Hals und musste schlucken. Und dann hörte er das Weinen aus Stefanies Zimmer.

Es war nicht besonders laut. Aber in der Stille der Nacht klang es so schrecklich allein. „Soll Mama sie doch trösten", sagte Freddy zu sich selbst und wollte mit seiner Reisetasche zur Haustür hinaus. „Ich warte nur noch, bis Mama bei ihr ist."

Aber die Mutter kam nicht. Wahrscheinlich hörte sie das Weinen gar nicht. Es war so leise. Freddy wusste noch ganz genau, dass er auch schon oft so leise geweint hatte. „Lautes Heulen tut viel weniger weh", dachte Freddy. Die Mutter hatte gesagt: „Wenn ein Baby weint, ist das kein Trick. Es hat immer einen Grund. Man muss ihn nur herausfinden."

Freddy hielt es nicht mehr aus. Vielleicht war ja etwas Schlimmes mit dem Baby passiert. Leise trat er an Stefanies Bett. Das kleine Gesicht war heiß. Und dann wusste er auch, warum sie geweint hatte. Sie hatte den Schnuller verloren. Weil sie noch so klein war, konnte sie ihn nicht suchen und selbst wieder in den Mund stecken. Also weinte sie. Freddy musste ein wenig lachen, als er den Nucki in Stefanies Mund schob und ein bisschen festhielt. Als er klein gewesen war, hatte er auch einen Nuckel gehabt. Es stimmte, Stefanie war ihm wirklich ziemlich ähnlich.

„Gut, dass du mich hast", sagte er und merkte erst jetzt, dass Stefanie bereits eingeschlafen war. „Ich pass auf dich auf, keine Angst."

Als er ging, legte er den Geschwister-Engel-Schlumpf neben ihr Kopfkissen, dicht neben ihre winzige Hand. Seine kleine Schwester sollte nicht allein im Dunkeln sein. Die Reisetasche schob er mit dem Fuß unter sein Bett. Er würde sie morgen auspacken. Er brauchte sie ja jetzt nicht mehr.

Du bist bei mir

Begleite mich auf allen Wegen.
Sei bei mir, wo ich geh und steh.
Gib mir zu allem deinen Segen,
und hilf mir, dass ich dich versteh.

Im Schatten deiner starken Schwingen
brennt mich die heiße Sonne nicht.
Bei Nacht kannst du die Angst bezwingen,
denn im Dunkeln bist du Licht.

Ich weiß, du wirst nicht für mich handeln,
entscheiden muss ich ganz allein,
doch deine Nähe kann mich wandeln
und helfen, klug und stark zu sein.

Drum bleib an meiner Seite, bitte,
wache für mich, derweil ich ruh.
Mit dir bin ich in meiner Mitte
und schließ getrost die Augen zu.

Die Geschichte vom Einschlaf-Engel

Sie haben eine Geschichte erzählt, geredet, gebetet, geschmust und miteinander gelacht. Es ist wie jeden Abend. Mit langen Schatten greift die Nacht ins Zimmer. Mutter steht auf. Es ist höchste Schlafenszeit.

„Mama", sagt Tom schnell, „du". Er hält ihre Hand fest, zieht sie noch einmal zu sich herunter. „Mama, sterben, du, wie ist das?"

„Sterben?", fragt die Mutter verwundert. „Wie kommst du denn darauf?"

„Wegen Opa", sagt Tom. „Er hat gesagt, dass er bald sterben muss."

Langsam setzt die Mutter sich auf die Bettkante und streicht über Toms Haar.

„Wie sterben ist, weiß man nicht", meint sie. „Niemand kann es wissen. Wir wissen es erst, wenn wir tot sind. Und dann können wir es keinem mehr erzählen."

„Ist es wie schlafen?", fragt Tom. „In der Geschichte, die du mir vorhin vorgelesen hast, sagte die Königin, der Tod sei der Bruder vom Sandmann. Und wenn man schläft, sei es wie ein bisschen sterben."

Die Mutter schüttelt den Kopf. „Der Sandmann, das ist wie der Weihnachtsmann und der Osterhase. Es gibt sie nicht wirklich. Das weißt du doch."

„Lehnst du die Tür an und lässt das Licht brennen?", bittet Tom.

„Aber nur ein bisschen", sagt die Mutter.

Tom liegt mit weit offenen Augen da. Dunkel ist es und still. Jedes Mal, wenn der Herbstwind in den Bäumen im Garten stöhnt, zieht Tom die Bettdecke höher. Nur seine Haare schauen noch heraus. Unter der Decke ist es heimelig und warm. Da ist Tom ganz bei sich selbst.

Langsam wird er müde. Aber Tom will nicht schlafen. „Ich bleibe wach", denkt er. „Ich krieche unter meine Decke." Er zieht die Beine an sich und schlingt beide Arme um die Knie. Jetzt wird es warm. Die Kuschelhöhle ist zu. „Gut", denkt Tom.

In diesem Moment geht die Tür auf. Ein helles Licht breitet sich aus. Es leuchtet so stark, dass es durch die Bettdecke scheint. Und als Tom genau hinschaut, kann er durch die Decke hindurch erkennen, wer gekommen ist. Es ist ein Männchen mit einem kleinen Sack auf dem Rücken.

„Hallo", sagt das Männchen und tippt mit dem Finger an die Glatze.

„Hallo, Sandmann", gibt Tom zurück. „Ich denke, dich gibt es nicht."

„Es gibt mich und es gibt mich nicht", schmunzelt der Kleine. „Wenn du wach bist und gut nachdenkst, gibt es mich nicht. Wenn du müde bist und deine Gedanken geheime Wege gehen, gibt es mich doch."

„Und was willst du?", fragt Tom.

„Dein Einschlaf-Engel hat gesagt, du hast Angst vor mir", antwortet der Sandmann.

„Mein Einschlaf-Engel?", staunt Tom. „Wer ist das denn?"

„Ja, weißt du denn nicht, dass jedes Kind einen Einschlaf-Engel hat?", lacht der Sandmann. „Er kommt aus dem Himmel, wenn du geboren wirst und ist immer bei dir. Er wohnt in deinem Herzen. Er kennt alle deine Gedanken. Er spürt alles, was du fühlst. Und wenn du nicht schlafen kannst, versucht er, dir dabei zu helfen. Deshalb bin ich hier."

„Und warum sehe ich ihn nicht?", fragt Tom.

„Weil alle Engel für die Augen unsichtbar sind", sagt der Sandmann. „Aber du kannst deinen Einschlaf-Engel fühlen. Leg die Hand auf dein Herz. Das Klopfen sagt dir, dass er da ist."

Als Tom die Hand auf sein Herz legt, ist das Klopfen plötzlich wie eine Stimme. „Ich bin da", pocht sie. „Ich bin da." Es klingt ruhig und sanft und stark. Und schön.

Das Sandmännchen blinzelt Tom zu. Es nimmt ein Döschen aus seinem mit Sternen bestickten Sack, greift mit zwei Fingern hinein und bläst eine Prise Sand in die Luft. „Hast du vielleicht eine Frage an mich?"

„Wie ist es, wenn man stirbt?", fragt Tom.

„Dann ist man im Himmel", sagt das Männchen. „Und im ewigen Licht. Dein Einschlaf-Engel passt auf dich auf. Er lässt dich nicht allein und zeigt dir den Weg."

„Auch meinem Opa?", fragt Tom.

„Ganz bestimmt", sagt der Sandmann. „Jeder Mensch hat einen Einschlaf-Engel. Auch dein Opa."

Langsam verschwindet er aus dem Fenster hinaus in die Nacht.

„Alle Wege führen zu Gott. Die geraden und die krummen. Dein Einschlaf-Engel führt dich. Niemand geht den falschen Weg."

Es klopft unter Toms Hand. Sein Herz schlägt. Und sein Einschlaf-Engel spricht. „Morgen", denkt Tom, „morgen werde ich es Opa sagen."

Und endlich schläft er ein.

Freunde für immer

Einen brauchst du, der neben dir ist,
der dich mutig macht, wenn du ängstlich bist,
der dir Frösche fängt und Heupferdchen mag
und mit dir im Matsch patscht am Regentag.
Einen, der deine Wurstsemmel isst,
wenn sie wieder mal viel zu dick für dich ist,
der mit dir in den Heubergen springt
und lachend die frechsten Lieder vorsingt.
Einen, der auch dann zu dir hält,
wenn's donnert und stürmt und der Hagel fällt,
der neben dir gern in der Wiese liegt
und im Luftschloss mit dir in die Wolken fliegt.
Einen, der dich lieb hat, ganz so wie du ihn.

So ein Freund ist dein Engel. Sei gut zu ihm.

Die Geschichte vom vorwitzigen Engel

Der Engel Naseweis ist der vorwitzigste und neugierigste Engel im Himmel. Immer wieder staunt er auf die Erde hinunter, in die hell erleuchteten Fenster der Menschen hinein. Wie gern wäre er auch einmal dort unten! Doch der Weihnachtsmann erlaubt es nicht.

„Du bist zu klein", sagt er und der Engel Naseweis schmollt. Doch plötzlich, wie er dem Weihnachtsmann beim Schlittenpacken zusieht, hat er eine Idee. „Dideldumdei und deideldidum, ich bin zwar klein, aber gar nicht dumm!", singt er übermütig vor sich hin und „Husch, Husch!", hat er sich auf dem Schlitten versteckt.

Laut hört er sein Herz pochen. Wenn er nur nicht erwischt wird! Doch der Weihnachtsmann sitzt schon auf dem Kutschbock. Die Peitsche knallt. Die Schlittenhirsche ziehen an. Ab geht es über den Sternenhimmel.

Als der Schlitten stoppt, prüft der kleine Engel Naseweis noch einmal, ob sein Heiligenschein, der ihn für Menschenaugen unsichtbar macht, richtig auf den Locken sitzt. Dann rennt er hinter dem Weihnachtsmann her, hinein ins Haus und die Treppe hinauf. Schon im zweiten Stockwerk ist eine Wohnungstür nur

angelehnt. „Extra für mich", denkt der Engel Naseweis und schlüpft hinein.

Im Wohnzimmer duftet ein Tannenbaum. Kerzen leuchten auf allen Zweigen. Goldene Kugeln und Glöckchen schweben daran. „Oh!", staunt der Engel Naseweis.

Unter dem niedrigsten Ast des Tannenbaums schimmert Licht. Es kommt von einem Stern mit einem langen Schweif, der über einem Haus mit einem offenen Stall schwebt. Beide sehen schon baufällig aus. Aber unter dem schiefen Dach des Stalls knien ein Vater und eine Mutter neben einem Kind, das auf Stroh gebettet ist. Ochsen, Esel und Schafe schauen zu. Und der schöne Stern führt drei weise Könige herbei, die dem armen Kind Geschenke bringen.

„Das Christkind in seiner Krippe", denkt der Engel Naseweis andächtig. „Ob es wohl etwas dagegen hat, wenn ich ein bisschen mit ihm kuscheln möchte?"

Das Christkind antwortet nicht. Doch dem Engel Naseweis ist so, als hätte es ihm ganz sacht mit dem Zeigefingerchen gewinkt. Da fasst er sich ein Herz und legt sich leise neben das Christkind ins Stroh.

„Klingelingelingeling!", bimmelt plötzlich ein Glöckchen. „Stille Nacht, heilige Nacht!", ertönen gleich darauf Stimmen. „Die Menschen!", flüstert der Engel Naseweis. „Endlich sehe ich sie von ganz nah. Sie halten sich an den Händen und singen vor dem Tannenbaum. Wie schön das klingt!"

Vorsichtig schlüpft der Engel Naseweis aus der Krippe des Christkinds, hinaus zu den Menschen vor dem Tannenbaum.

Übermütig tanzt er durch die festlich geschmückte Stube und schwingt sich zuletzt in den Tannenbaum. Er rüttelt die Glöckchen und schüttelt die Kugeln. Er wärmt seine Hände an den Kerzen und schaukelt an den blitzenden Lamettafäden.

Niemand bemerkt etwas. Die Menschen sehen zwar, dass die Glöckchen und Kugeln im Tannenbaum wackeln, aber warum das so ist, erkennen sie nicht. Der Engel Naseweis kichert. „Wie gut, dass ich meinen Heiligenschein auf dem Kopf habe und mich keiner sehen kann!", denkt er. Fröhlich schwingt er sich soeben auf ein Schaukelpferdchen, das an einem Tannenzweig baumelt, als etwas Schwarzes mit grün funkelnden Augen vor ihm auftaucht. „Eine Katze!", erkennt der Engel Naseweis sofort.

Katzen sind besonders. Sie sehen Engel nicht, wenn diese ihren Heiligenschein tragen, aber sie hören sie. Und was sie hören können, wollen sie fangen.

„Hilfe!", möchte der Engel Naseweis schreien. Aber die Menschen dürfen ihn ja nicht hören. Angstvoll versucht er, sich tiefer in den Zweigen des Tannenbaums zu verstecken. Doch zu spät. Die Katze hat gehört, dass sich etwas im Tannenbaum versteckt und springt mitten in die Zweige.

Der Engel Naseweis versteckt sich in letzter Sekunde im Christkind-Stall. Doch schon kratzt die Katze am Dach. Wer weiß, was geschehen wäre, hätte die Frau sie nicht am Nacken gepackt und aus dem Tannenbaum gezogen. „Mizzie!", mahnt sie, „du sollst doch brav sein."

Der Engel Naseweis freut sich. „Das ist ja noch einmal gut ge-

90

gangen", denkt er und will seinen goldenen Heiligenschein wieder gerade rücken, mit dem er auf der Flucht an irgendetwas hängen geblieben ist. Aber wo ist er? Erschrocken tastet der Engel Naseweis mit beiden Händen über den Kopf. Der Heiligenschein ist weg. Sein wunderbarer, ihn unsichtbar machender Heiligenschein.

Der Engel Naseweis ist den Tränen nahe. Aber er darf jetzt nicht weinen. Er muss seinen Heiligenschein wiederhaben. Ein Engel ohne Heiligenschein darf nicht mehr in den Himmel zurück. Nur wie soll das gelingen?

„Niemand als nur das Christkind kann mir jetzt noch helfen", fällt ihm ein. „Liebes Christkind, bitte, hilf mir!"

„Schau unter meiner Krippe nach", antwortet eine sanfte Flüsterstimme.

„Dankeschön, liebes Christkind!", ruft der Engel Naseweis. Am liebsten hätte er sofort zu suchen begonnen, aber er traut sich nicht. Ohne Heiligenschein ist er ja nicht mehr unsichtbar. Und der Weihnachtsmann hat es allen Engeln streng verboten, sich den Menschen zu zeigen.

„Liebes Christkind, bitte, hilf mir noch einmal!", betet der Engel Naseweis und schleicht so heimlich es geht, immer näher an die Krippe heran.

In diesem Moment stapft und poltert es auf der Treppe im Hausflur. Unter Millionen Schritten kennt der Engel Naseweis diesen Schritt heraus. Es läutet an der Tür. Und dann tritt er herein, der gute, alte Weihnachtsmann.

„Stille Nacht, heilige Nacht!", singen die Menschen. Nicht einmal die Katze merkt, wie der Engel Naseweis seinen goldenen Heiligenschein aus dem Stroh unter der Christkind-Krippe nimmt und sich auf den Kopf setzt. Sie sehen auch nicht, wie er dem Christkind einen Kuss gibt und leise, leise zum Weihnachtsmann fliegt.

„Mein lieber, guter Weihnachtsmann!", denkt der Engel Naseweis, während er sich in die große, warme Manteltasche des Weihnachtsmanns gleiten lässt. „Dich hat mir das Christkind geschickt." Und dabei kommt es ihm vor, als hätte er das Christkind lachen gehört.

Gute-Nacht-Lied des Schutzengels

Schlafe nun,
freu dich auf morgen.
Ruh dich aus in meinem Arm.
Träum schön, denn du bist geborgen,
ich bin bei dir
und halt dich warm.

Meine Füße gehen mit dir,
meine Arme halten dich,
meine Stimme soll dich leiten,
meine Augen sind dein Licht.
Gott wird dich durch mich begleiten,
glaube und vertraue mir.

Drum schlafe nun,
freu dich auf morgen.
Ruh dich aus in meinem Arm.
Träum schön, denn du bist geborgen,
ich bin bei dir
und halt dich warm.

Seite 21, „Der Neinengel“ aus:

Jutta Richter, An einem großen stillen See

© 2003 Carl Hanser Verlag, München – Wien

Leider konnten nicht alle Rechteinhaber der Gedichte ermittelt werden. Soweit Autoren- oder Verlagsrechte berührt werden, bittet der Verlag um Benachrichtigung zur nachträglichen Abdrucksregelung.

Einband und Produktion:

Weiß – Graphik & Buchgestaltung, Freiburg

2. Auflage 2006

© Kerle im Verlag Herder, Freiburg im Breisgau 2006

www.kerle.de

Druck und Einband: Himmer, Augsburg 2006

ISBN-13: 978-3-451-70650-9

ISBN-10: 3-451-70650-4